Inhalt

Brunnenstraße 7, D-34286 Spangenberg
Tel.: 05663-280, Fax: 05663-6562
E-Mail: fischer-nagel@t-online.de, URL: www.fischer-nagel.de

Fotos: Andreas Fischer-Nagel
außer Seite 6-7 Imkereimuseum, Celle; S. 38 l.M.: Dr. Bernd Stein;
über shutterstock: Cover mit Bildern von Daniel Pradek, Susa Lalic, Slawomir Zelasko,MalgorzataBartosik;
S. 5: DONOT6_STUDIO; S. 12 l.u.:Mirek Kijewski; S.30 M.: Alessandro Cristiano, S. 31 l.M.: maggee,
S.32-33 gr. Bl.: Andreas Rose, S.39 l.u.: Rudmer Zwerver, l.M.:witez77, r.o.: FotoRequest.
Druck: optimal media, Röbel

ISBN 978-3-930038-90-9

FSC
www.fsc.org
MIX
Papier aus verantwortungsvollen Quellen
FSC® C108521

Heiderose und Andreas Fischer-Nagel

Der Honig

Verlag Heiderose Fischer-Nagel

Honigbienen gibt es seit 40 Millionen Jahren!

Schon lange bevor die Menschen die Erde bevölkerten, bauten Bienen ihre Waben in hohle Bäume und Felsspalten. Sie brauchten bis dahin nur Tiere wie Bären oder Mäuse zu fürchten, die den Honig »ernteten« und dabei dem Bienenvolk oft großen Schaden zufügten. Nicht nur, dass dabei die Waben zerstört wurden, es blieb häufig auch nicht genug Nahrung für die eigene Brut. Schnell wurde das Bienenvolk zu schwach, um sich noch vermehren zu können.

Unsere Vorfahren, die sich als Jäger und Sammler ihre Nahrung und die notwendigen Vorräte für den Winter beschaffen mussten, entdeckten schnell den Nutzen der Bienenvölker.
Honig bedeutete eine willkommene Nahrung, mit der nicht nur der Winter oder schlechte Zeiten besser überstanden werden konnten. Honig versüßte ihnen viele Speisen und linderte so manche Krankheit. Ebenso wie die Tiere richteten die Menschen zunächst großen Schaden beim Ernten des Honigs an. Außerdem mussten sie erst lernen, sich den Bienen irgendwie geschützt zu nähern, um nicht von ihnen gestochen und vielleicht getötet zu werden.

Bär mit Klotzstülper: aus Giovanni Mario Verdizottis Fabelbuch (Venedig 1586)

Da Zauberkräfte nicht recht halfen, tat es irgendwann der Rauch einer Fackel, mit dem sie die Bienen zurück in ihren Stock trieben. Die Menschen scheuten keine Mühe, um diese süße Kostbarkeit – vielleicht neben dem Feuer die größte, die sie hatten – zu bekommen.
Bald lernten sie den Bestand der Bienen zu pflegen und merkten, dass die Bienen immer wieder neuen Honig herstellten, wenn nicht all ihre Waben zerstört wurden. Dennoch blieb das Ernten des Honigs ungemein schwierig, denn um an die Waben überhaupt heranzukommen, mussten sie aus den Baumhöhlen und Felsspalten herausgeschnitten werden.

Oben: Holzschnitt aus der »Historia de gentibus septentrionalis« (Geschichte der nordischen Völker) von Olaus Magnus (Rom 1555)

Links: Von zwei Korbbienenständen fliegen zwei Schwärme mit dem Weiser (alter Name für die Königin) jeweils in der Mitte, gegeneinander »zum Kampf«. Der Imker rechts wirft mit einer Schaufel Sand oder Erde zwischen die Bienen, um die Schwärme zum Niedersitzen zu bringen. Holzschnitt, Straßburg 1502.

Bienenkörbe

Das Ernten war eine gefährliche Arbeit, bei der der Zorn der Bienen wie ein böser Fluch über den »Räuber« herein- brach.
In der Zeit, als die Menschen sesshaft wurden, sägten sie einfach den Teil des Baumes heraus, in dem das Bienenvolk lebte. Sie ernteten den Honig so vorsichtig wie nur möglich, und trugen sie danach an einen Ort, an dem es sich wieder erholen und vermehren konnte. Sie bauten den Bienen sogar neue Behausungen, die den Vorteil hatten, dass man besser an die mit Honig gefüllten Waben herankam.
Weil die »Klotzbeuten«, wie man die Baum- stammteile mit den Bienvöl- kern nannte, so schwer waren, stellten sie Körbe aus Ruten und Stroh her.

Diese handgeflochtenen Bienenkörbe waren oft mit kunstvoll geschnitzten Ge- sichtern und Fratzen verse- hen. Sie sollten böse Geister vom Bienenstock fern- und vor allem Honigdiebe abhalten.

Doch wer sich nicht mit Bienen auskannte und ungeschützt Honig stehlen wollte, bekam ihre Wehrhaftigkeit dennoch zu spüren.

In den Körben waren die Waben von den Bienen fest eingebaut worden. Um an den Honig zu gelangen, mussten die Waben ebenso umständlich herausgeschnitten werden wie aus den ersten Klotzbeuten. Dabei gab es Zeit genug für die Bienen, sich auf den Honigdieb zu stürzen.
Die Imker, die solche Körbe benutzen, töteten früher bei der Ernte die Bienen, indem sie ein Stück Schwefel unter ihnen verbrannten. Es dauerte lange, bis

Hier blickst du von unten in einen Bienenkorb und siehst, wie die Bienen ihre Waben fest an den Wänden befestigt haben. So sah es auch in den anderen, auf dieser Seite abgebildeten, Körben aus.

sich wieder ein großes Volk entwickelt hatte. Deshalb stülpten die Leute nun einen leeren Korb über die untere Öffnung des Korbes mit den Honigwaben, so dass die Bienen in die neue Behausung hinüberkrabbeln konnten. Um nicht nur den Wabenhonig zu ernten, sondern auch schon so flüssigen Honig zu haben, wie wir ihn heute kennen, packten sie die Waben in einen durchlässigen Stoff, drückten sie in großen Holzpressen aus und ließen den Honig abtropfen.

Bienenhaltung heute

Dennoch war diese Art Honig zu ernten sehr mühsam und schwierig. Schließlich kam man auf die Idee, in die Körbe kleine Holzrähmchen zu hängen, in die die Bienen dann ihre Waben hineinbauen konnten. Sie waren von den Imkern, den »Bienenbetreuern« leicht herauszunehmen. Da diese Rähmchen wegen der runden Körbe alle verschieden groß sein mussten, baute man lieber rechteckige Körbe. Schließlich wurden aus den Körben einfache Holzkästen, in die man lauter gleich große Holzrähmchen zum Herausnehmen einsetzte, die später eine leichtere Bearbeitung zuließen. Stellte man mehrere solcher »Beuten« zusammen und baute ein schützendes Haus drumherum, hatte man ein richtiges Bienenhaus, in dem es sich gut imkern ließ.

Solche Bienenhäuser gibt es noch heute. Sie sind viel schöner, größer und stabiler gebaut als früher und beherbergen oft

Hunderttausende von Bienen. Andere Beuten werden von den Wanderimkern von Trachtquelle zu Trachtquelle transportiert, mal an ein Rapsfeld, dann in einen Obstgarten oder an ein lila blühendes Phacelia-Feld.

*Moderne Beuten sind aus Holz oder einem wärmedämmenden Kunststoff hergestellt (links und unten).
Wenn die Imker ihre Bienen gut kennen und sich vorsichtig und behutsam verhalten, können sie sogar ohne Schutzkleidung und Handschuhe an den Stöcken arbeiten.*

Die Beuten in einem festen Bienenhaus halten natürlich viel länger als die, die frei in der Landschaft stehen. Sie sind vor Wind und Wetter geschützt.
Obwohl die Bienen so eng mit dem Menschen verbunden leben, bleiben sie doch Wildtiere. Sie haben eine wichtige Aufgabe in der Natur zu erfüllen, zu der sie kein Mensch auf der Welt anleiten oder führen könnte.

Auf solch einer Wabe gibt es immer etwas zu sehen. Schaut man länger darauf, wird aus dem scheinbaren Durcheinander ein gezieltes, geschäftiges Hin und Her!

Fleißige Sammlerinnen

Seit Tausenden von Jahren gehört der Honig zu den wichtigsten Nahrungs- und Heilmitteln der Menschen. Honig schmeckt auf Brot und Brötchen, in Gebäck und Getränken. Naturreiner

Bienenhonig ist auch heute noch wertvoller als Zucker! Ohne Bienen würde es keinen Honig geben. Im zeitigen Frühjahr sammeln sie bereits eifrig Nektar und Pollen an Weidenkätzchen, Krokussen und vielen anderen Frühlingsblumen.

Bald folgen die Blüten der Obstbäume, die ohne eine Bestäubung durch die

Bienen nur kleine und wertlose Früchte tragen würden.
Später sammeln die unermüdlichen »Immen« – wie man die Honigbienen auch nennt – an Sommerblumen und Herbstblüten.

Aus dem Nektar, den die Bienen in all diesen Blüten sammeln, bereiten sie den Honig, den der Imker erntet. Er entnimmt die Waben und gewinnt in verschiedenen Arbeitsgängen den naturreinen Bienenhonig, den wir so gerne essen. Echter Bienenhonig wie

der, der das Zeichen des Deutschen Imkerbundes trägt, enthält bis zu 60 verschiedene wertvolle Zuckerarten!

Mit der Ernte des Honigs ist die Arbeit des Imkers aber noch lange nicht getan:
Er muss seine Bienenvölker pflegen, auf ihre Gesundheit achten und im Winter dafür sorgen, dass sie trotz der Honigernte durch ihn selbst genug Nahrungsvorrat behalten.

Blütentreue Bienen

Hast du im Frühjahr schon einmal unter einer blühenden Weide gestanden oder im Frühsommer in einer Streuobstwiese?
Wo du auch bist, hörst du das Gesumm der Bienen, die fleißig in den Blüten Nektar und Pollen sammeln. Die Nektarsammlerinnen saugen mit ihrem langen Rüssel den süßen Blütensaft in ihren Honigmagen hinein. Während sie das tun, bleibt Blütenstaub an ihren feinen Körperhärchen haften, den sie dann zur nächsten Blüte tragen. Wie gut, dass die Bienen immer nur an den Blüten einer Art sammeln. Sie fliegen von Kirschblüte zu Kirschblüte und wenn die Apfelbäume blühen, von Apfel-

blüte zu Apfelblüte.
Dies ist einer der größten Dienste, den sie erbringen. Nur wenn die Blüten durch Insekten bestäubt werden, ernten wir große und schmackhafte Früchte von Obstbäumen und Beerensträuchern. Gerade die Honigbienen sind in besonderer Weise für die Bestäubung der Blüten wichtig, da nur sie als Volk den Winter überleben und deshalb gleich zu Beginn der Flugzeit zu Tausenden zur Verfügung stehen, um ihre für die Natur und viele Wild- und Kulturpflanzen so wichtige Bestäubungsarbeit aufzunehmen. Nur, wenn sich die vielen Blütenpflanzen vermehren, kann eine große Artenvielfalt erhalten werden.

Trachtpflanzen

Immer mehr greift der Mensch in das Ökosystem Natur ein. Durch Begradigungen von Bachläufen, durch »Monokulturen« und die Zerstörung natürlicher Lebensräume, durch Verwendung bienengiftiger Spritzmittel zur Ungeziefer- und Unkrautvernichtung finden auch die Bienen – besonders die Wildbienen – immer weniger geeignete Nahrung. Deshalb gehören Bienen, insbesondere Wildbienen, schon zu den bedrohten Tierarten! Jeder sollte sich deshalb darum bemühen, dass naturnahe Lebensräume, wie Feldraine, Wiesen und Waldränder in ihrer Artenvielfalt erhalten werden. Wer selbst einen kleinen Garten hat, kann mit vielen bienenfreundlichen Pflanzen den Bienen einen wertvolleren Lebensraum schaffen. Denn nicht nur Wildkräuter bieten den Bienen Nahrung, sondern auch eine große Zahl von Garten- und Balkonpflanzen.

Die Blüten der Kastanie (oben), werden ebenso gerne beflogen, wie die Blüten der lila blühenden Phacelia (unten), die meist auf Feldern angebaut wird.

Wichtig für die Bienen ist, dass sie nicht nur im Frühjahr und Sommer eine reiche Tracht finden, – gemeint ist damit die Vielzahl von Nektar- und Pollen spendenden Blüten – sondern dass auch im Herbst noch Blüten zur Ernährung der Bienen zur Verfügung stehen.
Auf dieser Doppelseite findest du wild, also in der Natur wachsende Pflanzen, die Bienen besonders mögen. Einige von ihnen lassen sich auch im Garten anpfanzen.

Auf Wiesen, die noch natürlich sind, blühen Sterndolde (oben) und Wiesensalbei (rechts). An Bachläufen und dort, wo die Wiesen feucht sind, finden die Bienen im Sommer die roten Blüten des Blutweiderichs (links). Kornblumen (unten) wachsen in und an nicht mit Unkrautbekämpfungsmitteln behandelten Kornfeldern.
Im Herbst blüht die bei Bienen sehr beliebte Goldrute (im Hintergrund).

In solch wunderschönen Gärten wie diesem hier, ist das ganze Jahr der Tisch für die Bienen gedeckt, denn hier blüht es, sobald der erste Sonnenstrahl die Erde erwärmt. Erst der Frost zu Beginn des Winters bereitet der Blütenpracht ein Ende. Blumengärten sind Bienenweiden.

Hier säumt Blaukissen *(rechts)* im Frühjahr die Wege, Lupinen *(unten links)* leuchten in allen Farben, Tagetes und Verbenen *(unten)* zieren Beete und Blumenkästen.
Selbst der angrenzende Gewürzgarten bietet nicht nur den Menschen, sondern auch Bienen und anderen

Insekten eine wahrhaft reiche Bienenweide.
Da blühen Lavendel *(rechts)* und Thymian *(unten)*.

Aber auch kletternde Rosen *(rechts)* und Herbstastern *(unten)* bieten den Bienen Nahrung, sodass sich der Imker über einen wundervoll aromatischen Honig freut.
Im Hintergrund siehst du ein Feld voller Ringelblumen.

Wie die Bienen den Honig einlagern

Wenn eine Biene genug Nektar aus den Blüten gesammelt hat, fliegt sie »schwer beladen« zu ihrem Stock zurück. Nur eine verschwindend geringe Menge Nektar hat in ihrem Honigmagen Platz. Um ihn zu füllen, muss eine Biene 30 bis 1 500 Blüten besuchen.
Für ein Glas Honig, wie es bei dir auf dem Frühstückstisch steht, müssen Bienen etwa 120 000 km zurücklegen. Das ist so weit, als ob sie dreimal um die Erde fliegen würden! Schon während des Fluges entzieht die Biene dem Nektar etwas Wasser. Sobald sie die Wächterbienen auf dem Flugbrettchen am Stockeingang passiert hat, krabbelt sie zur Honigwabe und übergibt einer anderen Arbeitsbiene den Inhalt ihres Honigmagens. Die gesammelten Sekrete anderer Insekten und den Nektar der Blüten reichert die Biene mit körpereigenen Sekreten an.
Sobald der Nektar in einer Zelle eingelagert ist, verdunstet

noch mehr Wasser. Schließlich herrschen an die 35°C im Bienenstock. Eifrig fächeln andere Arbeitsbienen mit ihren Flügeln die feuchte Luft aus dem Stock heraus, sodass der Honig bald eindickt.

Sobald die Zelle gefüllt ist, wird sie von den Bienen mit einem hauchdünnen Wachsdeckel verschlossen.

Da die Zellen mit ihrer Öffnung leicht schräg nach oben gebaut sind, kann der Honig auch nicht einfach auslaufen. Zelle für Zelle wird gefüllt, bis die Wabe voll ist. Bis zu 3 Kilogramm Honig, also 6 Gläser zu je 500 g, sind pro Wabe in den Zellen eingelagert! Die Bienen aber haben dreimal so viel Nektar sammeln müssen, weil zwei Drittel des Nektars Wasser ist, das im warmen Bienenstock verdunstet.

Die Imkerei

Imker und Imkerin wissen, wann das Bienenvolk die Herstellung des Honigs abgeschlossen hat. Sie kontrollieren ihre Völker regelmäßig. Schon am Verhalten der Bienen am Flugloch, erkennen erfahrene Imker und Imkerinnen, ob alles in Ordnung ist. Sie wissen genau, wie viele Brutwaben und Honigwaben in einem Volk sind und ob die Bienen aufgeregt oder krank sind. Sobald die Honigzellen zum größten Teil verdeckelt sind, entnehmen sie zum Test zunächst eine Wabe und schlagen mit der Hand einmal kräftig darauf. Spritzt kein Honig mehr aus den unverdeckelten Zellen, ist er erntereif.

Bei allen Arbeiten am Bienenstock tragen Imker Schutzkleidung.

Das bedeutet nicht, dass Bienen böse Tiere sind! Vielmehr fühlen sie sich durch den Menschen gestört und haben Angst um ihre Brut, ihre Königin und ihren Wintervorrat. Sie wollen ihren Staat verteidigen.

Zur Grundausrüstung gehören daher ein möglichst weißer, aus glattem Stoff gefertigter Imkeranzug, ein Hut mit Schleier und ein Paar Handschuhe. Besonders der Hut mit Schleier ist sehr wichtig, denn schnell hat sich eine Biene in den Haaren verfangen und sticht blitzschnell zu. Handschuhe werden von Imkern und Imkerinnen eher selten getragen, sie behindern sie bei der Arbeit, auch wenn sie natürlich die Hände schützen.
Wichtiger ist der Anzug, der an den Ärmel- und Hosenbündchen mit Gummizügen versehen ist,
damit die aufgeregten Bienen nicht hineinkrabbeln können.
Um die Bienen daran zu hindern, bei der Bearbeitung und Beobachtung aus der Beute zu kommen, besitzen Imker eine spezielle Pfeife, einen Rauchapparat oder einen so genannten »Smoker«, mit dem sie die aus allen Zwischenräumen hervorkrabbelnden Bienen beräuchern. Dadurch verkriechen sie sich wieder tiefer in das Innere des Stockes und die Imker können gefahrlos die einzelnen Waben entnehmen.
In den Pfeifen verbrennen sie Eichenholz, Fichten- und Tannennadeln oder getrocknete Kräuter.

Honigernte

Vorsichtig entnimmt hier unser Imker eine Wabe nach der anderen. Gleichmäßig bläst er ab und zu etwas Rauch über den Stock.

Mit einer großen Feder fegt er die noch auf den Honigwaben herumkrabbelnden Bienen in den Kasten zurück, um die dann bienenfreie Wabe in einen gesonderten Transportkasten zu hängen. Für die Waben, die er herausnimmt, setzt er leergeschleuderte ein, sodass die Bienen, nachdem sie die Waben ausgebessert haben, bald neuen Honig einlagern können.

Sobald der Imker alle Honigwaben im Transportkasten hat, trägt er ihn in den Schleuderraum, der möglichst etwas abseits vom Bienenhaus liegt. Der Geruch des Honigs lockt nämlich sonst schnell wieder die Bienen an, die dann sehr temperamentvoll darum bemüht sind, den ihnen geraubten Honig zurückzuerobern.

Links oben: Smoker, unten: Imkerpfeife.

Um den Honig aus den Waben zu bekommen, werden die Zellen zunächst mit einer »Entdecklungsgabel« vom Wachs befreit. Obwohl das ganz einfach aussieht, ist es eine schwierige Arbeit, die viel Gefühl und Geduld verlangt. Schließlich will der Imker die Zellen dabei so gut wie möglich erhalten.

Ganz vorsichtig fährt er mit den vielen wellenförmigen Zinken der Gabel unter die hauchdünnen Wachsdeckelchen, hebelt durch sanftes Hin- und Herbewegen das Wachs ab.

Mit dieser Entdeckelungsgabel hebt der Imker vorsichtig die hauchdünnen Wachsdeckel von den Zellen ab.

Es wird geschleudert

Nun streift er das Wachs von der Gabel in eine Entdeckelungswanne, in der sich ein siebähnlicher Boden befindet. Durch das Sieb läuft der an den Wachsdeckeln haftende Honig in eine Wanne und kann später mit verwendet werden. Die Wabe wird zum Entdeckeln ein wenig schräg gestellt, damit der Honig nicht so schnell herunterläuft.

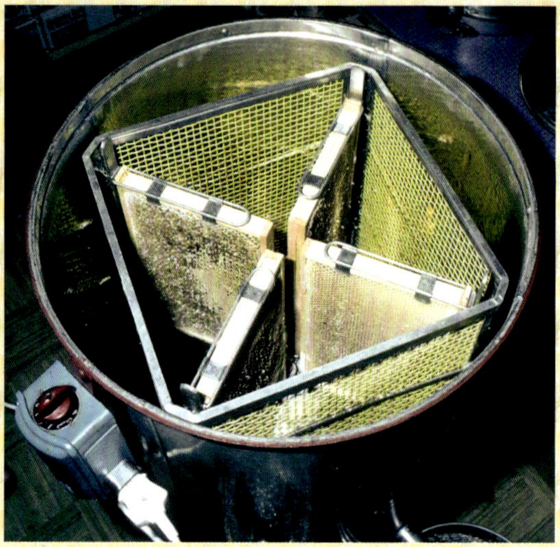

An der Seite der Wanne wird das Wachs abgestreift und wächst schnell zu einem kleinen Wachshaufen an. Ist die ganze Wabe entdeckelt, setzt der Imker sie in die Honigschleuder ein.
Die Schleuder dreht sich mit hoher Geschwindigkeit, sodass

der Honig aus den Zellen herausspritzt und an der Innen-wand der Schleuder hinunterläuft. Wie viele Waben in der Honigschleuder Platz haben, kommt auf deren Größe an, oft sind es vier.

In Abständen ändert der Imker die Drehrichtung der Schleuder. Auf diese Weise werden die Zellen besonders gut geleert und es wird vermieden, dass die Waben zerbrechen. Das Schleudern des Honigs gehört zu den Lieblingsarbeiten des Imkers, denn schließlich ist der goldgelbe

Honig, der nun langsam aus der Schleuder fließt, sein Lohn für all die Fürsorge und Mühe, die er dem Bienenvolk zukommen ließ. Der Honig fließt nun zunächst durch ein grobes Sieb in einen Eimer. Dadurch wird er von den gröbsten Wachsteilen gereinigt. Schon jetzt sieht der Imker, ob sein Honig reif war oder noch zu viel Wasser enthält.

Fast fertig!

Wenn der Honig dick ist und zähflüssig durch das Sieb hindurchläuft, hat er die richtige Reife. Es besteht dann auch keine Gefahr, dass er sich zersetzt und unbrauchbar wird. Nun wird der Honig umgefüllt. Er läuft durch zwei weitere, sehr feine Siebe, die die letzten Wachsteilchen herausfiltern, ehe der Imker ihn in Gläser füllt.

Mit dem Abfüllen des Honigs ist die Gewinnung abgeschlossen. Der Imker verkauft den Honig entweder selbst oder gibt ihn eimerweise an große Firmen, die ihn abfüllen und an die Lebensmittelgeschäfte liefern.

Honig ist ein wertvolles Naturprodukt, das zum allergrößten Teil aus Fruchtzucker und Traubenzucker, Wasser, Rohrzucker, Mineralstoffen, Vitaminen und anderen Wirkstoffen besteht.

Ein gesundes Bienenvolk bringt eine reiche Honigernte. Damit es gesund bleibt, kontrollieren es die Imker regelmäßig auf Krankheiten. Auch äußere Einflüsse, wie plötzliche Kälte im Sommer, wirken ungünstig auf das Bienenvolk.

In mit chemischen Schädlingsbekämpfungsmitteln gespritzten Felder und Gärten, bei denen nicht auf »Bienenungiftigkeit« geachtet wurde, können ganze Völker zu Grunde gehen.
Aber auch bienenfreundlichere Mittel verursachen Schaden, wenn sie direkt in die offenen Blüten der Pflanzen gespritzt werden.

Lindenblüte

Raps

Honigvielfalt

Ist dein Honig schon einmal ganz fest geworden? Dann hast du eigentlich einen sehr guten Honig gekauft, denn nur Honig, der während der Herstellung nicht über 40°C erwärmt wurde, kann »kristallisieren«, wie man das Festwerden des Honigs nennt. Aus dem flüssigen Honig bilden sich kleine, harte Zuckerkristalle.
Es gibt auch Honigsorten, die schneller fest werden als andere.
Das hängt davon ab, ob sie mehr Traubenzucker oder mehr Fruchtzucker enthalten. Honig, der viel Fruchtzucker enthält, kristallisiert langsamer. Durch vorsichtiges Erwärmen bis auf höchstens 40°C kannst du den Honig wieder flüssig machen.

Wenn du im Supermarkt in das Honigregal schaust, wirst du über die vielen, verschiedenen Honigsorten staunen.
An der Farbe und Festigkeit des Honigs erkennst du, in welchen Blüten die Bienen dafür gesammelt haben. Rapshonig ist fast weiß und sehr fest, enthält eine Menge Traubenzucker und schmeckt angenehm mild.
Akazienhonig ist richtig goldgelb und dünnflüssig.

Der Heidehonig, der dunkelgelb und meist etwas fester ist, hat ein ganz würziges Aroma.
Neben den speziellen Sorten gibt es gemischte, die einfach nur »Blütenhonig« genannt werden.
Am dunkelsten ist der so genannte Wald- oder Tannenhonig mit seinem sehr herben Geschmack. Das Besondere an ihm ist, dass die Bienen ihn

bst-
üte

nicht aus Blütennektar herstellt. Sie sammelt vielmehr den »Honigtau«, die süßen, klebrigen Ausscheidungen der Blattläuse, die überall auf den Nadeln und Blättern der Bäume kleben, wie z.B. an Ahorn, Birken, Linden, Eichen, Tannen, Fichten und Lärchen. Die Blattläuse stechen die Rinde, Zweige und Triebe der Bäume an und saugen Saft heraus. Doch anders als die Ameisen, die die Blattläuse durch Betasten mit den Vorderbeinen regelrecht »melken«, sammeln die Bienen seltener den Honigtau direkt von den Läusen ab, sondern geben sich mit dem zufrieden, was auf dem Blattwerk übrig bleibt. Besonders in den Morgenstunden sammeln sie den Honigtau, wenn er noch nicht angetrocknet ist. Die Hauptzeit zum Honigtausammeln liegt in den Monaten Juni bis August, aber bei gutem Wetter auch noch im Oktober. Der Waldhonig enthält noch andere Zucker als der Blütenhonig.

Sommerblüte

Akazie

Heide

Wald

Überall auf der Welt, wirst du ähnlich wie bei uns, ganz besondere Honigspezialitäten finden.
In der »Lüneburger Heide«, wo sehr viel Honig verkauft wird, ist der Scheiben- oder Wabenhonig eine besondere Spezialität. Um sie zu ernten verwendet der Imker dafür spezielle Körbe, die so genannten »Kanitzkörbe«, die noch aus der Zeit unserer Vorfahren stammen. Die kleinen Waben daraus werden in Stücke geschnitten und in Frischhaltefolie abgepackt. Du kannst diese seltene und teure Köstlichkeit in feine Scheiben schneiden und auf dein Brot legen. Das Wachs kannst du einfach mitessen.

Was wir sonst noch von den Bienen ernten

Sicher hast du schon gehört, dass die Imker nicht nur den Honig von den Bienen ernten. Auch der gesammelte Blütenstaub – der ***Pollen*** – ist wertvoll, doch kann man ihn – wenn die Bienen ihn erst einmal eingelagert haben – nicht mehr aus den Zellen entfernen. Er bleibt ihnen als Nahrung für die Larven und für den Winter erhalten. Um dennoch Pollen ernten zu können, benutzen Imker Fallen, durch die jede heimkehrende Biene schlüpft, um in ihren Stock zu kommen. Dabei streift ein feines Bürstchen die Pollenhöschen einfach ab, die dann in ein Sammelkästchen fallen. Ein Glas voll Pollen sieht richtig bunt aus. Gelb in allen Variationen, aber auch rot und violett sind die Pollenkörnchen, so verschieden wie der Blütenstaub der Blumen eben ist.

Blütenpollen sollen sehr gesund sein, sind reich an Nährstoffen und wirken sich günstig auf unser Immunsystem aus, das heißt, dass

wir nicht so leicht krank werden. Aber Vorsicht! Nicht jeder Mensch kann Pollen vertragen, wie das bei anderen Heilmitteln, Speisen oder Gewürzen auch der Fall sein kann.

Im Reformhaus gibt es auch ***»Gelée Royale«***, ein Drüsensekret der Arbeitsbienen, mit dem sie die Larven füttern, aus denen eine Königin heranwachsen soll. Es enthält viele Vitamine, Aminosäuren und Spurenelemente, ganz ähnlich wie die Blüten-

pollen.
Um es zu gewinnen, darf der Imker die Königinnenlarven nicht weiterwachsen lassen, sondern entnimmt am dritten Tag den Futterbrei aus der Zelle. Du kannst dir vorstellen, wie mühsam diese Arbeit ist und wie gering die Ausbeute!

Hast du schon mal von der Heilwirkung der Propolis gehört?
Propolis ist eine harzige, sehr aromatische Substanz, die die Bienen von den Baumknospen sammeln und damit ihren Bienenstock abdichten. Für das Bienenvolk wirkt diese Substanz wie ein starkes Heilmittel, das Bakterien abtötet und somit vor Krankheiten schützt. Auch für den Menschen hat Propolis eine enorme Heilkraft. Es eignet sich zur Behandlung von Hautleiden, Erkältungskrankheiten und anderen entzündlichen Prozessen.

Bienengift

Bereits die alten Ägypter kannten die Heilkraft des Bienengiftes und setzten es damals schon zur Behandlung von Rheuma ein. Während früher die Bienen dafür auf das schmerzende Körperteil gesetzt und zum Stechen gezwungen wurden, damit ihr Gift in den menschlichen Körper eindringen konnte, gewinnen moderne Pharmafirmen das Gift automatisch nach einem besonderen Verfahren. Pro Biene liegt der größtmögliche Gewinn bei 0,3 Milligramm. Aus dem Gift stellt man zum Beispiel Heilmittel für eine bessere Durchblutung, zur Gefäßerweiterung, gegen Gelenkentzündungen und gegen Rheuma her. Bienengift stärkt die Abwehr- und Selbstheilungskräfte. Dennoch ist Vorsicht geboten! Nicht jeder verträgt das Bienengift und reagiert dann darauf allergisch. Im schlimmsten Fall besteht sogar Lebensgefahr!

Bienenwachs

Selbst gezogene Bienenwachskerzen

Natürlich nutzen wir auch das Bienenwachs, das Bienen selbst herstellen! Sie »schwitzen« es zwischen den Segmenten an der Unterseite ihres Hinterleibs aus und verwenden es zum Bau ihrer Waben, die aus Tausenden von Zellen bestehen.
Auf jeder Seite einer normal großen Wabe sind etwa 3 000 Zellen, also 6 000 auf beiden Seiten zusammen.
Es duftet nichts aromatischer als Kerzen aus echtem Bienenwachs. Hast du schon mal selbst eine Kerze gegossen oder gezogen?
Wachs wird aber auch seit alters her in Salben und Pflegemitteln verwendet. Man kann damit nicht nur sich selbst, sondern auch ganz wunderbar naturbelassenes Holz pflegen.

Arbeitsbiene, die an der Unterseite ihres Hinterleibs Wachs zum Bau der Waben »ausschwitzt«.

Wachskerzen selbstgemacht

(Nur im Beisein von Erwachsenen!)

Du brauchst:
1 kleinen Topf mit Gießschnabel,
1 großen Topf mit Wasser,
verschieden dicke Röhrchen (kein Glas!)
Papphülsen oder alte Blechdosen,
verschieden dicke Dochte
für unterschiedliche Kerzen,
Bienenwachs vom Imker.

Das Bienenwachs gibst du in den kleinen Topf, den du im Wasserbad im großen Topf auf dem Herd erwärmst. Das dauert lange, **muss** aber sein, denn würdest du das Wachs direkt erhitzen, könnte es aus dem Topf spritzen, sich entzünden und damit einen Brand in der Küche verursachen.

Ist das Wachs endlich flüssig, gießt du es in die vorbereiteten Röhrchen, Papphülsen und Büchsen, in denen du vorher – genau in der Mitte – den Docht gespannt hast. Den Docht fädelst du dazu durch ein kleines Loch im Boden der Kerzenform, ziehst ihn hindurch und knotest ihn an einem über die Form gelegten Hölzchen fest.
Ist das Wachs in der Form kalt und fest, lässt du so lange warmes Wasser darüber laufen, bis du die fertige Kerze herausziehen kannst.

Die einfachste Methode Bienenwachskerzen herzustellen ist die, sich vom Imker Mittelwände für die Rähmchen, in die die Bienen ihre Waben bauen, zu beschaffen. Diese aus reinem Bienenwachs bestehenden Mittelwände erwärmst du auf der Heizung so lange, bis sie sich leicht formen lassen. Dann legst du an den Anfang einen Docht und rollst diesen ganz einfach in die Mittelwand ein. Der Docht muss nafürlich oben ein Stück herausstehen. Fertig ist die Bienenwachskerze.

Du kannst Kerzen aber auch richtig ziehen. Du knotest den Docht an ein Hölzchen und tauchst ihn in das Wachs, ziehst ihn heraus und lässt das Wachs erkalten. Dies wiederholst du, bis die Kerze dick genug ist.

Bienen haben auch Feinde

Wespen und Hornissen überfallen gelegentlich schwächere Bienenvölker, um ihnen den Honig zu stehlen oder sogar Bienenlarven als Nahrung für ihre eigene Brut zu erbeuten.

Der **Bienenwolf** – selbst ein Bienen ähnliches Insekt – erbeutet ausgewachsene Bienen während ihrer Sammelflüge, um sie in seine unterirdischen Nester zu schleppen und seine Eier in deren Körper zu legen.

Ein besonders gefährlicher Feind des Bienenvolkes ist die **Varroamilbe** *(Bild unten)*, ein Parasit, der ganze Bienenvölker vernichten kann. Sie befällt sowohl die Brut als auch die erwachsene Biene. Die 1,3 bis 1,7 mm kleinen Milben saugen an der Bienenbrut, wodurch verkümmerte oder verkrüppelte Bienen auf die Welt kommen, die nicht lebensfähig sind.

Auch die **Kleine** und **Große Wachsmotte** machen durch die Zerstörung der Waben

Der Totenkopfschwärmer, ein Nachtfalter, dringt gelegentlich in Bienenstöcke ein, um Honig zu naschen.

Varroamilbe

Schaden. Sie dringen auch in die Brutzellen ein, fressen die Zellböden und vernichten damit die Brut. Für viele Vögel, wie zum Beispiel den bunt schillernden Bienenfresser *(rechts)*, den Neuntöter *(unten)* und andere, sind Bienen eine echte Delikatesse. Gefährlich können sie aber einem ganzen Bienenvolk nicht werden.

Im Winter dringen Mäuse (links) und Spitzmäuse (rechts) in den Bienenstock ein, um sich das Leben mit Honig und Bienen zu versüßen.

Ohne Bienen geringere Ernten !

Imkerin und Imker untersuchen ihre Völker auch auf Krankheiten. Faulbrut, Nosemakrankheit, Kalkbrut, Steinbrut, Sackbrut, Ruhr und Schwarzsucht.

Das ganze Jahr sind die Imker um das Wohl ihrer Bienen und deren Gesundheit bemüht. Im Herbst, wenn sie den Honig geerntet haben, füttern sie Zucker oder ein spezielles Bienenfutter, das die

Bienen als Ersatz für den Honig als Wintervorrat einlagern. Im zeitigen Frühjahr decken sie die Kästen manchmal bei Kälteeinbrüchen mit Wolldecken oder anderen Dämmmaterialien ab, um die Bienen zu schützen.
Jedes Pfund Honig auf unserem Frühstückstisch ist ein Glas voll süßer Köstlichkeit und Gesundheit. Was für ein Wert, wenn man die gesunden Inhaltsstoffe und die Mühe sieht, die die Bienen damit hatten. Etwa 120 000 km müssen Bienen fliegen, bis sie genug Nektar für ein einziges Glas Honig gesammelt haben. Ebenso emsig wie die Bienen sind die Imker. Nur ihrer Fürsorge um die Bienen und ihrer verantwortungsvollen Gewinnung des Honigs haben wir es zu verdanken, dass wir so ein wertvolles, naturbelassenes Produkt für unsere gesunde Ernährung haben.

Boniglebkuchen

Zutaten:
500 g Honig
gut 1/8 l Öl
250 g Zucker
700 g Mehl
1 Päckchen Backpulver
250 g geschälte, gemahlene Mandeln
2 Teelöffel. Zimt
je 1 Messerspitze Nelken, Piment und Cardamon
1 Prise Salz
3 Eier
je 110 g Zitronat u. Orangeat
etwas Dosenmilch

Den Honig mit dem Öl und Zucker aufkochen und wieder abkühlen lassen. Das mit dem Backpulver vermischte Mehl, Mandeln, Gewürze, Eier, Zitronat und Orangeat ebenfalls vermischen. Nun die Honig-Öl-Masse dazugeben und alles gründlich verkneten. Den Teig zugedeckt im Kühlschrank ruhen lassen.
Dann den Teig auf ein bemehltes Backblech streichen und mit Dosenmilch bepinseln.
Wenn du willst, kannst du den Honigkuchen mit Mandeln verzieren.
Auf der mittleren Schiebeleiste bei 200 Grad 35-45 Minuten backen. Noch warm in Stücke schneiden.
Tipp: Wenn der Lebkuchen zu hart ist, kannst du ihn in einer Blechdose mit ein paar Scheiben Brot aufbewahren. So wird er wieder weich.

Kleines Bienenlexikon

Ammenbiene: Arbeiterin, die die Larven in den Zellen mit Nahrung versorgt.

Beute: Die Wohnung der Bienen, z.B. der Kasten oder der Korb.

Bienenweide: Die Blüten, die den Bienen Nahrung, also Nektar und Blütenstaub, bieten.

Drohn: Männliche Biene, die zum Begatten der jungen Königin benötigt wird.

Ei: Die Bienenkönigin legt die Eier, sie sind nur etwa 1,5-2 mm lang.

Fächlerin: Arbeitsbiene, die die Luft und damit den Geruch und die Feuchtigkeit aus dem Stock befördert.

Honigtau: Süße Absonderungen bestimmter Blattläuse, aus denen die Bienen Waldhonig herstellen.

Imker, Imkerin: Der/diejenige, der Bienen hält und betreut, um dann den Honig ernten zu können.

Kittharz: Das von den Bienen zur Abdichtung von Ritzen im Stock an Bäumen gesammelte Harz mit desinfizierender Wirkung.

Königin: Sie allein legt die Eier und hält durch ihren Geruch das Volk zusammen; lebt bis zu 5 Jahre.

Larve: Aus jedem Ei schlüpft eine Larve, die sich verpuppt und zur fertigen Biene verwandelt.

Lachniden: Spezielle Blattläuse an Waldbäumen, die den von Ameisen und Bienen so begehrten Honigtau produzieren.

Nektar: Zuckerhaltige Flüssigkeit in den Blüten der Pflanzen, aus der die Bienen Honig bereiten.

Pollen: Der Blütenstaub – der männliche Teil der Blüten der Pflanzen.

Pollenhöschen: An den Hinterbeinen als Klümpchen gesammelter Blütenstaub.

Propolis: dasselbe wie Kittharz und wird bei Mensch und Tier in der Naturheilkunde angewandt.

Puppe: Nach 14 Tagen verwandelt sich die Larve zur Puppe, um dann zur fertigen Biene zu werden.

Tracht: Pflanzen, die mit dem Nektar und Pollen ihrer Blüten den Bienen Nahrung bieten.

Wabe: Die aus Wachs gebauten Ansammlungen sechseckiger Zellen zum Einlagern von Honig und Brut.

Wächterin: Arbeitsbiene, die einige Zeit in ihrem Leben den Stockeingang bewacht, um Feinde abzuwehren.